Das ewige Ich

Buja B.

Das ewige Ich

Bibliografische Information der Deutschen Nationalbibliothek:
Die Deutsche Nationalbibliothek verzeichnet diese Publikation in der
Deutschen Nationalbibliografie; detaillierte bibliografische Daten sind
im Internet über
http://dnb.d-nb.de abrufbar.

Satz, Umschlagdesign, Herstellung und Verlag:
Books on Demand GmbH, Norderstedt
ISBN: 978-3-8334-7994-6

Der Wind weht, wo er will, und du hörst sein Sausen,
aber du weißt nicht, woher er kommt und wohin er geht.
(Johannes 3,8)

Das reine, ursprüngliche Wissen liegt in der reinen
göttlichen Leere.
Die absolute Gewissheit darüber zu erlangen gehört
zum Erstrebenswertesten unseres Daseins.

Buja B.

Inhaltsverzeichnis

Das geschriebene Wort

Das Ewige, die absolute Wahrheit, befindet sich ausschließlich im göttlichen Nichts.

Sich dieser Wahrheit anzunähern ist nur über die individuelle Erkenntnis möglich. Das gesagte oder geschriebene Wort kann somit bestenfalls nur eine Interpretation darstellen.

So ist im Grunde schon jeder Versuch fragwürdig, Teile dieser Wahrheit nahe ihrer Reinheit niederzuschreiben. Eigentlich sollte man gar keine philosophischen Schriften verfassen, denn es steht niemandem zu, grundlegende Weisheiten für sich zu beanspruchen und sie in eigenem Namen zu hinterlassen. Diese Weisheiten sind Axiome, also reines Wissen, das den Menschen eigen ist und somit „nur" erkannt und dann bestenfalls in Teilen aufgeschrieben werden kann. Das hat aber nichts mit Kreativität oder Erschaffen zu tun.

Vielleicht wurden viele alte Weisheiten deshalb anonym niedergeschrieben, weil sich die Verfasser als sogenannte Seher ihrer eigenen Unwichtigkeit vollkommen bewusst waren.

Zudem ist das unpersönliche Schreiben in diesem Bereich eine schlechte Kommunikationsart. Sie hinterlässt die anonymen Leser in ihrer eigenen Welt, mit eigenem Hintergrund, individuellen Interpretationen und, was ein Problem darstellen könnte, mit eventuellen Missverständnissen. Die Leser können dem Verfasser keine Fragen stellen oder mit ihm gegenteilige Meinungen diskutieren und bauen sich vielleicht ein völlig verfremdetes, irreführendes Gedankengebilde auf.

Warum habe ich das Vorliegende dann trotzdem geschrieben?

Um Sie zu ermuntern und aufzurufen, Ihre eigene Geistigkeit anzunehmen, zu lieben, zu leben und zu kommunizieren.

Als ich mir im Alter von zwölf Jahren plötzlich wieder als eigenständiges Wesen bewusst wurde und diese Erkenntnis sehr schön und wohltuend war, konnte ich mich jahrelang mit niemandem darüber unterhalten. Mein allgemein guter Zustand wurde fortan durch den Umstand getrübt, dass meine eigene Wirklichkeit so ganz anders war als die meiner gesamten westlich-christlichen Umgebung mit ihren ständigen Abwertungen des einzelnen Menschen durch sogenannte Kenner und Autoritäten. Sollten Sie aber den Eindruck erhalten, dass mein Blick zu sehr auf das Christentum gerichtet ist, dann rührt das daher, dass das Christentum im Moment meine religiöse Heimat ist und im realen Dasein natürlich am nächsten liegt. Ich möchte auch nicht irgendeine Religion besonders loben oder beschuldigen, auch will ich keine Religion über eine andere stellen, sondern nur helfen, die eigene geistige Welt offener, selbstbewusster und positiver zu sehen, zu erleben und mitzugestalten.

Zudem nimmt das aufgeschriebene Wort einen stabilen Punkt ein. Sei es, indem man die eigene Wirklichkeit in vorhandenen Schriften gezielt sucht, findet und somit mehr Gewissheit über das eigene Wissen erlangt oder die eigene Wirklichkeit nicht deckungsgleich wiederfindet und sich nun über die Abweichung klar werden muss. So haben mir Bücher sehr geholfen, ein klares Bewusstsein zu bekommen. Es war aber auch sehr schwierig, die wenigen grundlegenden Aussagen aus der Vielzahl von Wörtern herauszufiltern. Obwohl ich ursprüngliche Texte zu verwenden suche, war es bisher ein mühsamer Weg, bestand doch wahrscheinlich bei vielen Schreibern die alte Meinung, dass grundlegende Weisheiten ausschließlich für einen eingeweihten Kreis bestimmt seien und so weitergegeben werden sollten, dass lediglich diese sie als solche erkennen würden.

Darum versuche ich, meine Betrachtungen möglichst einfach und konzentriert wiederzugeben, damit ein Ganzes erscheinen kann. Dabei ist mir durchaus bewusst, dass ein diffuses Schreiben mit möglichst vielen Zitaten und Querverweisen für die sogenannten Autoritäten natürlich viel bekömmlicher wäre, müssten sie doch keine klare Gegenüberstellung und Bewertung mit ihrem eigenen Wissen und den eigenen Aussagen vornehmen. Philosophie besteht leider immer mehr aus Interpretationen von Interpretationen von Interpretationen.

Ist das Geschriebene aber einfach, kurz und ergibt ein Gesamtes, setzt man sich bei den ausgebildeten Kennern sofort der Kritik aus, diese Ansichten seien zu vereinfachend und das Dargestellte könne darum gar nicht stimmen und täusche den einfachen Menschen vor, sie seien in der Lage, ihr Dasein zu verstehen.

Ist es aber nicht so, dass die Philosophie das einzige Wissensgebiet ist, in dem jeder Mensch ein Kenner ist? Alle können doch nachdenken und für sich etwas erkennen.

Beim Lesen philosophischer Schriften sollten Sie als Leser bei jeder grundlegenden Aussage am besten schnell Ihr erstes spontanes Gefühl überprüfen. Ist es positiv oder zustimmend, können Sie ohne Weiteres weiterlesen. Sollte das spontane Gefühl aber negativ oder ablehnend sein, ist es nötig, dass Sie Ihre eigene Wahrheit genau abfragen. Nicht mit dem Ziel, die gleiche Meinung zu bekommen, sondern mit dem Ziel, Ihrer eigenen, individuellen Wahrheit einen Schritt näherzukommen.

Eine philosophische Schrift sollte auch nicht zu umfangreich sein, damit die Leser ermuntert werden, sie mehrmals durchzulesen. Wie können sonst einzelne Textstellen eingehend bewertet werden, wenn nicht die Sicht des Schreibers als

Gesamtes zum Vorschein kommt? Es ist beachtlich, welche Klarheit ein Text erreichen kann, wenn er zum wiederholten Male durchgelesen wird. Einzelne Textstellen, die zuerst als nebensächlich überlesen werden, bekommen plötzlich einen ganz zentralen Stellenwert und können das Ganze in einem völlig neuen Licht erscheinen lassen.

Der stabile Punkt des aufgeschriebenen Wortes ist aber ebenso beim eigenen Schreiben sehr wichtig, denn es kann immer wieder gelesen, überprüft und weiterentwickelt werden, bis ein befriedigender Stand erreicht ist. Eine neue Einsicht kann dann das vermeintlich Sichere auch wieder infrage stellen, und der Bewusstseinsprozess beginnt von Neuem. Anfänglich ist der individuelle Wahrheitsgehalt des Geschriebenen eigentlich nebensächlich, hilft es doch lediglich, sich mit sich selbst ins Reine zu kommen und sich über das eigene Wissen klar zu werden.

Das Studium philosophischer Darstellungen erfordert also von jedem die schwierige Konstellation einer vorbehaltlosen Offenheit, kombiniert mit einer großen Gewissheit zum eigenen Wissen. Dies führt zu vielen neuen, befreienden Erkenntnissen.

Ich erhebe mit dem Vorliegenden keinen philosophischen, wissenschaftlichen Anspruch, denn diesen müsste ich ja, wie schon gesagt, mit möglichst vielen Querverweisen auf möglichst viele Quellen begründen. Ursächliches philosophisches Wissen findet man nicht hauptsächlich in Büchern, Zeitungsberichten, Abhandlungen, Interpretationen oder im Internet, sondern ganz einfach bei sich selbst, und das habe ich versucht aufzuschreiben.

Da bei philosophischen Grundthemen die persönliche Situation des Autors für die Leser nicht relevant ist, wird mein Hintergrund nicht weiter beschrieben.

Die Bewusstseins- oder Ordnungsstufen

Schon seit sehr langer Zeit wird beim Menschen von Körper, Geist und Seele gesprochen und geschrieben. Beim Körper scheint es so, dass sich die meisten über das physische Vorhandensein und über die Funktionalität im Grunde noch einig sind, doch bei Geist und Seele werden, und das vor allem in unserer christlichen Weltanschauung, die Verwirrung und Ratlosigkeit schon fast grenzenlos. Hier kommen Fragen auf wie: Warum wird eigentlich immer von zwei geistigen Dingen, nämlich von Geist und Seele gesprochen? Sind das überhaupt zwei verschiedene Entitäten? Und wenn ja, wo liegt der Unterschied? Welche komplizierten Gedankengänge sind konstruiert worden, um verschiedene Bedeutungen herbeizureden?

Das Hauptproblem in Bezug auf diese Fragen liegt aber darin, dass die weitverbreitete Auffassung besteht, dass etwas erst richtig verstanden werden kann, wenn von Anfang bis Ende alles definiert und eingeordnet ist. Genau hier liegt das Unmögliche, denn gerade der Anfang oder Ursprung, das Geistige, das Bewegende, das Ordnende, nämlich Gott, kann und soll nicht definiert werden. Es ist auch nicht nötig, dass wir unseren allumfassenden Schöpfer über unseren Verstand begreifen. Es genügt vollkommen, wenn wir ihn über unsere Empfindungen annehmen, respektieren und ehren.

Für unser Universum hier auf der Erde könnte man sagen, dass Gott fünf Bewusstseins- oder Ordnungsstufen geschaffen hat:

I. Kosmische Ordnung
   Die Gesetzmäßigkeit von Zeit, Energie und Raum.

II.   Ordnung der Materie
      Die molekulare Gesetzmäßigkeit.
III. Pflanzenseele
      Das genetische Wesen der Pflanze, der impulsgebende
      Lebenstrieb.
IV.   Seele
      Das genetisch-geistige Wesen des Tieres, der impulsge-
      bende, memorierende Lebens- und Verhaltenstrieb.
V.   Geist
      Das geistige Wesen, das analytische, sich selbst bewusste
      Sein (das ewige Ich oder individualisierte Kind Gottes).

Bei allen diesen Stufen scheint eine gewisse Bandbreite von Individualisierung vorhanden zu sein. Diese kann von der völligen Abhängigkeit zum Ganzen, zur Gattung oder zu einer bestimmten Gruppe bis hin zum fast reinen Individuum reichen. Bei den Pflanzen- und Tierseelen lassen sich teilweise beachtliche kollektive Verhaltensmuster erkennen, die so stark erscheinen, dass man sogar von einer Art Kollektivwesen sprechen kann.

Physikalisch kann man sicher sagen, dass nur die ersten zwei Stufen einigermaßen detailliert erklärt werden können, wobei auch da die impulsgebende Kraft für immer verborgen bleiben wird. Für diese beiden Stufen heißt das, dass, wenn der ewige, göttliche Impuls für die Bewegung wegfällt, gleichzeitig die Endlichkeit verschwindet und dass alles, was mit Energie, Raum, Zeit und Materie zu tun hat, im Nichts aufgeht.

Wir werden den Menschen in seiner Art erst dann richtig verstehen, wenn wir erkennen, dass er etwas eng betrachtet eben doch aus drei der vorgenannten Stufen, nämlich Geist, Seele und Materie, besteht und in einem unmittelbaren Verhältnis zu Gott und allen fünf Stufen steht.

Das geistige Wesen

Das geistige Wesen ist eine göttliche, sich selbst bewusste Entität, die, wie auch ihr eigenes Wissen, völlig energielos ist. So wird es unmöglich, sie mit unserem Verständnis zu definieren oder gar physikalisch nachzuweisen.

Die wahrnehmbare Kommunikation unter den Lebewesen findet in unserem physikalischen Universum heute in der Regel in Energieformen wie Ton oder Bild statt. Wenn geistige Wesen aber in ihrer Urform miteinander in Verbindung stehen und das natürlich auf energieloser Ebene stattfindet, reden wir komischerweise von übernatürlichen Phänomenen und Kräften. Haben wir wirklich verlernt, auf unsere innersten Empfindungen zu achten und mit ihnen umzugehen?

Das, was uns schnell und spontan in den Sinn kommt oder was wir fühlen, das ist ein wahrer Spiegel unseres Wissens. Wir sollten unseren Gedanken und Gefühlen Vertrauen schenken und sie als eine Art innere Wahrheit anerkennen. Unbegreiflicherweise werden Erinnerungen, die nicht real erklärt werden können, oberflächlich als Fantasien abgetan, obschon letztendlich niemand abgewertet werden kann, der Gewissheit über das eigene Wissen erlangt hat.

Um anderen das eigene Wissen zu beweisen, muss dieses in Energie, Raum und Zeit umgesetzt werden, denn nur so kann im physikalischen Universum etwas nachgewiesen werden. Gelingt dieser Beweis aber nicht und ist keine klare Gewissheit vorhanden, verschwindet das Wissen auch durch eigene Abwertung. Denn wer selbst an sich zweifelt, wird nie Gewissheit haben, und deshalb ist es ein großes Vergehen, andere Menschen abzuwerten.

Die Menschen machen sich schon sehr lange Zeit Gedanken darüber, wie die geheimnisvolle, nicht spürbare Göttlichkeit zu ihnen kommt. Diese Gedanken sind aber, wie wir gesehen haben, vergebens, denn das Göttliche geht nicht in den Menschen hinein, sondern muss vielmehr aus ihm hervortreten. Das heißt, dass aus dem geistigen Wesen heraus die Göttlichkeit erfahrbar gemacht werden muss. Es geht also nicht darum, dass die globale, allgegenwärtige Göttlichkeit zu uns kommt, sondern dass wir uns unserer eigenen Göttlichkeit bewusst werden und sozusagen zur allgegenwärtigen hingehen, sie wieder wahrnehmen, uns wieder vereinigen.

Wir als geistige Wesen, die Sein, Tun und Haben suchen, gesellen uns (in irgendeinem physikalischen Universum) als Gast zu einer Seele, die hier auf der Erde einen menschlichen Körper betreibt und die Entwicklung durch die Evolutionslinie darstellt. Wir bekommen somit wieder ein Dasein in Raum und Zeit und werden zum bewusst denkenden Menschen.

Das geistige Wesen kommt während der Schwangerschaft zur seiner „genetischen" Seele und ihrem im Aufbau befindlichen Körper und erhält somit früh eine so enge Beziehung zu ihr, dass es sich mit ihr als Einheit fühlt. Im Alter von vielleicht zehn bis zwanzig Jahren erkennen dann einige Menschen, dass sie eigenständige geistige Wesen sind. Dieses Ereignis wird schon in den alten Schriften als zweite Geburt, Erkenntnis, Erleuchtung oder vielleicht auch geistige Auferstehung beschrieben und ist wichtig, weil dadurch der Schleier des Vergessens aufgerissen und die teilweise Erinnerung zum eigenen Sein und zu früheren physikalischen Existenzen wiederhergestellt wird.

Es gibt auch keine Gründe dafür, zwischen uns als geistigen Wesen und Gott künstliche Zwischenstufen wie Gottheiten,

Götter, Heilige, Meister, Gurus, Dämonen, Hexen oder Teufel einzufügen. Die große Problematik bei solchem Tun liegt darin, dass die grundlegende Eigenverantwortung und Hoffnung gegenüber Gott auf andere abgeschoben und scheinbar verkleinert wird. Diese Zwischenstufen, auch wenn sie ausnahmsweise wirklich existieren würden, könnten diese Ansprüche niemals erfüllen. Untolerierbar wird es, wenn der Mensch beginnt, Gott zu spielen, wenn er sich anmaßt, über Leben und Tod anderer zu entscheiden, oder wenn er Dinge produziert und manipuliert, die langfristige schädliche oder sogar tödliche Wirkungen haben können und die er zu keinem bestimmten Zeitpunkt zu stoppen in der Lage ist.

Auf individueller Ebene liegt zwischen uns und Gott nichts. Ihm sind wir direkt und unabdingbar verpflichtet. Ihm gegenüber können wir uneingeschränkt unsere Wünsche kundtun.

Unter dem Gesichtspunkt, dass Geist und Seele zwei verschiedene Entitäten sind, ist das Fortschreiten des geistigen Wesens auf der geistigen Linie zu finden und nicht auf der genetisch-geistigen Linie der Kindsnachfolge, wie es durch verschiedene Religionen interpretiert wird. Darum suchen zum Beispiel die Buddhisten die erneute Reinkarnation ihrer geistigen Führer. Dabei besteht aber die große Gefahr, dass die Wiedergefundenen durch die früh einsetzende Isolation vom normalen Leben und die Doktrin durch die strenge Ausbildung geistig so beeinflusst werden, dass ihre geistige Weiterentwicklung behindert oder gar verunmöglicht wird. Dies ist dann vor allem der Fall, wenn eine erkennende Wissenserweiterung im Widerspruch zur herrschenden Lehrmeinung stehen sollte, und ist dann besonders schmerzhaft, wenn das Behindernde ursprünglich von einem selbst stammt, das aber durch die Zeit oder die

geistige Entwicklung überholt ist, durch sogenannte Hüter
der Wahrheit aber zur dogmatischen Wirklichkeit gemacht
wurde oder wird.

Der Sündenfall

Die „genetischen" Seelen der Tiere und der Pflanzen besitzen die Möglichkeit, Energie zu beeinflussen und anzusammeln. Dies ist natürlich notwendig, um Körper mit lebender Materie zu betreiben. Zudem können verschiedene Tierseelen wahrscheinlich relativ analytisches Wissen zu Energiebildern memorieren und somit eine Art Schaltkreise für künftige Verhaltensformen entwickeln. Diese scheinbaren Speicherungen von Energiebildern besitzen die geistigen Wesen nicht, sind aber zum Wunsch vieler geworden. Mit dem engen Verhältnis zwischen dem geistigen Wesen und der Seele des eigenen Körpers ist die Illusion entstanden, dass wir als geistige Wesen auch einen Energieverstand führen könnten. Der Ursprung dieser Illusion war der eigentliche Sündenfall unserer Menschheit, nämlich die Verbindung der geistigen Welt (Adam als Sinnbild für das bewusste Geistige) mit der materiellen Welt (Eva als Sinnbild für das körperlich Geistige) zu einem einzigen Ich. Weil somit die geistigen Wesen scheinbar einen Energieverstand haben und ihr Wissen natürlich nicht verlieren wollen, Energie aber nur mit Materie transportiert werden kann, sind die Menschen an diese Erde gebunden und müssen auch immer wieder hier geboren werden. Somit war der Weg zurück, woher wir gekommen sind, verwehrt. Man kann auch sagen, dass damit das Muss der Wiedergeburt entstanden ist, das schon Buddha als Übel dargestellt hatte und von dem man sich wieder lösen sollte.

Welche Schuldzuweisungen, Unterdrückungen und somit unsägliches Leid hat die Fehlinterpretation des Sündenfalls in der Bibel für das weibliche Geschlecht ausgelöst?!

Nun werden viele schon aus frühester Vergangenheit bekannte, natürliche und immer mehr künstliche Mittel eingesetzt, die uns Menschen helfen sollen, den eigenen geistigen Möglichkeiten nachzuhelfen. Diese öffnen dem geistigen Wesen die verborgene Zeitlinie seiner genetisch-geistigen Seele und fixieren es direkt darauf.

Zu erwähnen sind hier vor allem die heute immer mehr angepriesenen, verordneten und leider auch immer häufiger konsumierten Drogen und Medikamente mit bewusstseinsverändernder oder -erweiternder Wirkung sowie Praktiken wie Hypnose und Trance, bei denen die Urteils- und Entscheidungsfähigkeit völlig verloren geht. Sie öffnen verborgene Falltüren und können dann die unendlich Fallenden nicht auffangen.

Auch scheinbar harmlose Gedächtnistrainings wie die Mnemotechnik, die geistige Wesen dazu verführen, ihr Wissen in Bildern anzulegen, sind gefährlich, denn sie setzen einen Energieverstand voraus, und die Illusion einer materiellen Wissensspeicherung setzt sich fort.

Wer zu obigen Mitteln greift, versklavt sich selbst, wiederholt den Sündenfall oder verstärkt dessen Folgen. Der Aufruf zur Aufklärung und Abhilfe kann nicht eindringlich genug sein.

Betrachten wir also den Sündenfall als rein geistiges Faktum, wird auch ersichtlich, dass es die sogenannte Erbsünde nicht geben kann, weil eine Sünde nicht an alle Menschen weitervererbt wird. Geistige Wesen sind Individuen und nur mit Gott direkt verbunden. Sie tragen effektiv nur die Last der selbst begangenen Sünden mit sich, die Gott bei einer einsichtigen Erkenntnis, die zu einer wirklichen Reue und Bitte um Vergebung führt, vergeben wird.

Was wir tragen müssen, sind die Folgen von Sünden, die auf geistiger Ebene zum Dogma gemacht wurden, oder Sünden, die auf der genetischen Linie liegen und die Seele, den Körper und damit natürlich auch uns als geistige Wesen negativ beeinflussen. Dazu gehören bewusste oder unbewusste Veränderungen der Genstruktur, die durch geistige Postulate, Umweltbelastungen und Genmanipulationen herbeigeführt werden.

Die positiven Gedanken

Die unerschöpfliche göttliche Liebe könnte in unserem physikalischen Universum als Gleichnis mit dem Licht verdeutlicht werden, das auch nicht wirklich großräumig bekämpft werden kann. Dunkelheit verfinstert das Licht nicht, im Gegenteil, ein Licht erscheint umso heller, je größer die Dunkelheit wird. Licht wird in seinem Wirkungskreis das Dunkle aber immer heller machen. Anders gesagt, wenn man an einem Ort mit viel Licht einen dunklen Raum öffnet, kommt aus diesem keine Dunkelheit heraus, aber in den dunklen Raum geht sicher Licht hinein und macht ihn heller. Die göttliche Liebe wird den Hass irgendeinmal für immer besiegen, auch wenn wir durch die Realität manchmal fast den Glauben daran verlieren.

So geht auch von jedem ethischen Gedanken eine positive Wirkung aus, ob dieser Gedanke einfach so oder durch gezielte Aufmerksamkeit auf das Göttliche, durch Predigten, das Lesen von Schriften oder Diskussionen entstanden ist. Dieser Tatsache kann nicht genug Beachtung geschenkt werden, sind doch Gedanken energielos und damit unbegrenzt für alle zu empfangen und durch nichts aufzuhalten.

Hass, Machtgelüste, Unterdrückung, Krieg, Rache und die Todesstrafe sind immer geistige Sackgassen und werden auf deren Urheber zurückgreifen. Geistige Wesen können sich nicht langfristig den eigenen ethischen Gedanken und denen der Umwelt widersetzen, ohne dabei Schaden zu nehmen. Irgendwann wird sich auch der größte Verbrecher vor Gott und auch sich selbst stellen und die Konsequenzen für sein Tun übernehmen. Ich bin sicher, dass sich im Innersten alle, die sich Schuld aufgeladen haben, nach diesem Punkt sehnen, um dann befreit das Dasein zu erleben. Darum sollte mit aller Kraft versucht werden, Menschen, die ein Verbrechen begangen haben, geistig zu heilen (was eine gerechte Strafe nicht ausschließt) und wieder in die Gesellschaft einzugliedern. Gelingt uns das nicht, werden wir immer wieder mit denselben, geistig kranken Menschen und deren Taten konfrontiert werden. Die Todesstrafe ist also die denkbar schlechteste Art, wie eine Gesellschaft mit verbrecherischen Zeitgenossen umgehen kann, da eventuelle Therapiemöglichkeiten gänzlich wegfallen.

Liebe ist das einzige Mittel gegen Hass, und darum ist es wichtig, dass sich viele Menschen, und hoffentlich immer mehr, ihrer ethischen und positiven Gedanken bewusst werden, sie richtig ernst nehmen und mit Nachdruck vertreten. Dabei muss sehr aufmerksam darauf geachtet werden, dass Frustrationen durch Misserfolge, negative Nachrichten und Hass einen selbst nicht negativ stimmen oder sogar Hass erzeugen. Negative Gedanken müssen, sobald sie entstehen, bewusst und mit voller Absicht in positive umgewandelt werden. Der Pfad zwischen Liebe und Hass ist leider sehr schmal.

Die Liebe

Der eigenen Göttlichkeit näherzukommen heißt auch, die uneingeschränkte göttliche Liebe immer mehr zu erfahren. Zunehmend werden spontane und tiefe Gefühle und Gedanken von Liebe erfüllt und dadurch positiv.

Wer zu sich selbst vollkommen ehrlich ist und seinen Gefühlen wirklich einmal in Ruhe die volle Aufmerksamkeit schenkt, wird feststellen, dass wir im Grunde genommen zu allen Menschen, auch wenn sie anders aussehen, denken, reden und handeln als wir, doch eine tiefe Zuneigung, ja sogar Liebe empfinden. Das gilt natürlich auch für die Tiere und Pflanzen, für das physikalische Universum, also für die gesamte Schöpfung und somit – und das in erster Linie – für unseren Schöpfer.

Im Grunde sind negative, destruktive Gedanken und Handlungen, Arglist, Hass, Unterdrückung und Folter intellektuelle Konstrukte, Programme oder Schutzmechanismen. Sie überspielen die schmerzvolle Unfähigkeit, die vorhandene Göttlichkeit zu leben.

Mit unserer ureigenen Liebe umzugehen ist weit weniger schwierig, als wir annehmen. Wir müssen nur bereit sein, uns von der göttlichen Liebe leiten zu lassen und sie vorbehaltlos weiterzugeben. Wahre Liebe will erfahren, gepflegt und gelebt sein. Sie wird nie aufgebraucht, wirkungslos bleiben, Schaden anrichten oder abgelehnt werden. Sie ist das einzige Mittel gegen Hass und Unterdrückung, das einzige Mittel für ein glückliches, vergnügliches und freies Leben.

Bei der Liebe, die unter zwei Menschen überwiegend durch das geistige Wesen motiviert ist, werden die Beziehungen tragfähig, beglückend, befreiend und, wenn es sich um ein Paar handelt, auch auf körperlicher Ebene befriedigend.

Ist die Liebe aber überwiegend triebhaft, also durch die Tierseele im Menschen motiviert, wird sie auf den Moment fixiert, zerbrechlich, belastend und einengend. In verschiedenen Lebenssituationen können natürlich alle Stufen von der rein geistigen Liebe bis zum reinen Trieb auftreten. Optimal wäre es, wenn die Triebhaftigkeit der Tierseele nur in der Beziehung mit dem Lebenspartner, in der die geistige Liebe eine tragende Grundlage bildet, gelebt wird. Hier kann die vergnügliche Kraft einer körperlichen Partnerschaft entstehen, die unter anderem unsere Erde als Paradies erscheinen lässt. Wenn Menschen ohne die dazugehörige geistige Liebe die Triebhaftigkeit der Tierseele ausleben, wird das geistige Wesen in den meisten Fällen mit lebenslangen Erinnerungen und, wenn zusätzlich noch ein Vertrauensbruch vorliegt, mit einer erheblichen inneren Belastung leben müssen.

Die religiöse Aussage, dass die beiden, Mann und Frau, eins werden, ist aber vorbehaltlos auf geistiger Ebene zu sehen. Hier werden nur zwei, die einmal eins waren, wieder zu einem Miteinander zusammengeführt.

Das Jetzt und die Erinnerung

Das geistige, sich selbst bewusste Wesen existiert und operiert, wie schon besprochen, völlig energielos und ist somit physikalisch nicht erklärbar. Dies betrifft insbesondere seine Entität, seine Gottesbeziehung, sein Wissen, seine analytischen Gedanken und seine Gefühle. Sein menschliches Gehirn, in dem immer wieder erfolglos nach Wissen gesucht wird, verwendet das geistige Wesen eigentlich nur als Schaltzentrale zum physikalischen Universum.

Das geistige Wesen kann durch bewusste Achtsamkeit im Jetzt Gotteserfahrungen machen, das heißt, mit Gott in Verbindung treten. Das sind aber keine Dialoge, wie wir sie kennen, sondern nur Gefühle, kurze Augenblicke, die wie schöne Harmonien auftauchen und wieder verklingen.

Die Erinnerungen an frühere Erfahrungen oder Begebenheiten können, da energielos, nicht mittels Energiebildern aufbewahrt werden. Es können somit auch keine Begebenheiten abgerufen werden, denen man damals keine Aufmerksamkeit geschenkt hatte. Man kann sie also nicht wie ein Bild oder einen Film betrachten und im Nachhinein feststellen, dass da ja noch ein Auto war, außer es hatte zuvor bereits unsere Aufmerksamkeit erregt. Erinnerungen sind also lediglich wiederkommende Emotionen oder Gedanken zu etwas, das unsere Aufmerksamkeit auf sich gezogen hatte. Will man jetzt ein Bild davon bekommen, muss es im Jetzt wiedererrichtet werden. Viele Menschen verbrauchen sehr viel Willenskraft, weil sie meinen, ständig Energiebilder aus der Vergangenheit um sich herum aufbauen zu müssen. Erinnern heißt also einfach zurückdenken, eine Emotion oder einen Gedanken auffangen, diesem wieder Aufmerksamkeit schenken und die Lehren daraus ziehen oder aus dem damaligen Gefühl positive Kraft schöpfen. Das Memorieren wird so betrachtet geradezu zu einer Geißel der geistigen Freiheit.

Das geistige Wesen kennt keine Vergangenheit oder Zukunft, denn über sein Bewusstsein erlebt es immer nur die Gegenwart. So wird der einzelne momentane Augenblick entscheidend, er ist die einzige Wirklichkeit. Nur hier und jetzt findet das wirkliche Leben statt. Wer also die einzelnen Augenblicke genießen kann, hat ein genussvolles Leben.

Nun scheint diese Betrachtungsweise etwas einfach, mischen doch die Vergangenheit und die Zukunft kräftig mit. Belastende Erinnerungen, Schuldgefühle, Ängste und Ungewissheiten lassen uns vielfach, nebst den eventuellen körperlichen Einschränkungen, den einzelnen Augenblick gar nicht mehr wahrnehmen oder aber zur unerträglichen Qual werden. Also müssen wir bedacht sein, in einer unbelasteten inneren Ruhe zu leben, die Leere zu genießen, ohne das Gefühl zu haben, dass die Zeit rast oder unnötig lange stillsteht.

Viele Menschen unterliegen der großen Versuchung oder gar Rechtfertigung anzunehmen, dass die Vergangenheit nicht beeinflusst werden kann und die Zukunft vorbestimmt ist. Nun ist aber der einzelne Augenblick, also die Gegenwart, die einzige Möglichkeit, die Zukunft und damit die künftige Vergangenheit selbst in die Hand zu nehmen. Das heißt, all unsere Gedanken und die daraus folgenden Entscheidungen, alles Tun oder Nichttun wird in unserer Vergangenheit und unserer Zukunft wieder da sein und natürlich auch in der unserer Mitmenschen.

Jeder Augenblick ist somit wie ein geistiger Neuanfang, alles, was vorher noch da war, ist jetzt schon wieder Vergangenheit. Alles Emotionale muss immer wieder neu erschaffen werden, ob es positiv ist oder negativ, ob es uns passt oder nicht. Einige Menschen gestalten die Gegenwart, zu viele lassen sich treiben oder manipulieren, leben in der Vergangenheit oder erstarren vor der Zukunft.

Wer gerade jetzt in der Gegenwart, in diesem Augenblick, das tut, was ihm und seinen Mitmenschen eine künftige glückliche Vergangenheit und Zukunft bescheren wird, hat gute Voraussichten, auch die unzähligen kommenden Augenblicke zu genießen. Diese individuelle Verantwortung nicht wahrzunehmen oder auf morgen zu verschieben ist unfair, sich und den anderen gegenüber. Eine Gesellschaft funktioniert nur, wenn alle mitdenken, zuhören, mitreden, mitentscheiden und somit mitgestalten.

Der Glaube und die Gewissheit

Alle geistigen Wesen verfügen über ein Grundwissen, das von Gott gegeben ist. Dieses Wissen muss also nicht erlernt werden, sondern einfach wieder bewusst gemacht werden, und das braucht lediglich ein eingehendes Daraufschauen. Somit ist die beste Methode zu wissen, den eigenen Gedanken Vertrauen zu schenken.

Die Aufgabe der Religionen ist es, Unglaube in Glaube, Glaube in Wissen und Wissen in Gewissheit umzuwandeln und den geistigen Wesen zu helfen, die Illusion aufzugeben, einen Energieverstand haben zu müssen. Hierzu sind Erörterung, Disputation, Mäeutik und persönlicher Beistand durch dogmafreie Kompetenz, die jedem geistigen Wesen die eigene Seinsheit gewährt, unerlässlich. Wer einen Lösungsweg entwickelt, aufzeigt, realisiert oder begleitet, muss immer den Optimalzustand vor Augen haben. Dabei entspricht der Wert einer Person der Leistung, die sie aufgrund ihrer Voraussetzungen gegenüber ihrer Umgebung erbringt. Bei besseren Voraussetzungen, größerem Wirkungskreis oder Einfluss müssen die Ethik und die Philosophie mehr gewichtet werden.

In jedem Lern- oder Bewusstseinsprozess spielt der Glaube eine wichtige Rolle. Glaube kann auch als Wegstrecke bezeichnet werden, die die Unwissenheit mit der Gewissheit verbindet. Wer in Richtung Gewissheit geht, wird immer suchender, interessierter, freier und glücklicher. Sein Glaube wird durch Gewissheit angereichert. Wer aber in die Gegenrichtung geht, wird immer verwirrter und apathischer und resigniert schließlich vollständig.

Wir tragen göttliches Wissen in uns und können in philosophischen Fragen somit nur auf den Weg in Richtung

Unwissenheit geschickt werden, wenn die innere Gewissheit immer wieder mit Irrlehren überdeckt wird. Der Zweifel am eigenen göttlichen Gefühl oder der inneren Stimme wird dann so stark, dass die Illusion von Unwissenheit und Abhängigkeit entsteht.

Eine bestimmte Glaubenslehre wird leider erst richtig interessant, wenn ein Teil grundlegenden Wissens mit Unwahrheit gekoppelt ist und somit anziehende Geheimnisse entstehen. Die Menschen lieben Geheimnisse, und viele möchten zum erlauchten Kreis der Eingeweihten gehören, die etwas über diese Geheimnisse wissen, aber nichts verraten dürfen.

Bei näherer Betrachtung wird klar, dass mit reiner Weisheit kein Machtimperium aufgebaut werden kann und somit auch nicht genug Menschen gefunden werden können, die sich der individuellen Erlangung der inneren Weisheit annehmen. Hören die Menschen von den grundlegenden Gesetzmäßigkeiten, die alle als eine göttliche Vorgabe in sich tragen, sagen sie, dass das ja alles klar sei und somit völlig uninteressant.

In einer hierarchischen, materialistischen Gesellschaft ist es zwingend, dass möglichst viel Grundwissen durch Glauben mit viel Unwissenheit ersetzt wird. Wie könnten sonst profilierungssüchtige politische, religiöse und wirtschaftliche Manager und Autoritäten bestehen? Sie alle sind auf glaubende Sklaven angewiesen, die blind und möglichst billig ihre Aufgaben erfüllen. Diese ausgenützten Menschen werden aber im Innersten zu ihrem Leben nie Ja sagen können.

Wissende Menschen im Gebiet der Philosophie werden andere Menschen nie ausbeuten, ins Elend führen oder töten. Für sie sind Gerechtigkeit und Menschenwürde selbstverständlich. Nicht der Gewinn ist der Zweck der Wirtschaft, sondern die gerechte Umverteilung der Mittel. Nicht die Macht ist das Ziel der Politik und der Religion, sondern ein erfülltes und glückliches Leben in Frieden und Freiheit für alle.

Die geistige Freiheit

Freiheit ist immer eine geistige Angelegenheit, ein Gefühl, das individuell empfunden wird.

Der für uns Menschen optimale Zustand ist ein Leben in einer bewussten, geistigen Unabhängigkeit vom physikalischen Universum oder, in den Worten Buddhas, das Leben im Nirwana. Das heißt, die Erkenntnis und somit Gewissheit zu haben, dass wir als geistiges Wesen mit einem lebenden, menschlichen Organismus in diesem physikalischen Universum zusammenleben und nicht als physikalische Wesen da sind, also nicht mit dem Physikalischen verbunden sind.

Die wichtigste Voraussetzung dazu hat Jesus im Gespräch mit Nikodemus (Johannes 3,6 – 7) fast am einfachsten erklärt: „Was vom Fleisch geboren ist, das ist Fleisch; und was vom Geist geboren ist, das ist Geist. Wundere dich nicht, dass ich dir gesagt habe: Ihr müsst von Neuem geboren werden."

Natürlich sind bei der geistigen Freiheit noch viele andere Aspekte von Bedeutung. So muss sicher die Frage gestellt werden, welches Ausmaß die geistige Freiheit haben kann? Ist es die totale Freiheit? Ist eine solche überhaupt denkbar? Ist totale Freiheit in der Allbestimmtheit, also bei Gott zu suchen?

Wahrscheinlich bestand die totale Freiheit nur bei der Erschaffung des allerersten geistigen Individuums. Bei diesem ersten und bei der Erschaffung des zweiten war die Freiheit durch die Beziehungen zu Gott, zum anderen und später zum betreffenden physikalischen Universum schon eingeschränkt. Also müssen wir uns über die totale Freiheit gar nicht mehr den Kopf zerbrechen, sondern können uns auf die Freiheiten der Menschen als geistige Wesen auf diesem Planeten beschränken.

Wie sollten wir uns frei bewegen, arbeiten, ruhen und vergnügen können, wenn wir die Spielregeln des geistigen und des materiellen Universums nicht kennen und akzeptieren würden? Wie sollten wir am Leben teilhaben? Wäre es nicht eine riesengroße Last, wenn wir die ureigenen Bindungen und Verpflichtungen nicht hätten? Die einzige Voraussetzung für das Freiheitsgefühl ist, dass wir die Bindungen und Verpflichtungen nicht als Zwang oder Last empfinden, sondern vorbehaltlos akzeptieren können.

Die Spielregeln, wir können auch Ethik sagen, sind uns von Gott gegeben. Eine Urempfindung, die das Zusammenleben mit den Mitmenschen und der Natur regelt. Die Übereinstimmung einer Gruppe oder das Festlegen für eine Gruppe von Menschen im eigenen Einflussbereich, was unter Ethik zu verstehen ist, nennen wir Moral. Diese Moral wird für die Einzelnen oder gar die große Mehrheit von der eigenen Ethik abweichen oder völlig verkehrt sein. Jeder Versuch, anderen zu sagen, was ethisches Verhalten ist, ist Manipulation.

Aus der Moral entstehen dann die Gesetze, die durch die sogenannte Rechtsprechung umgesetzt werden. Die Urteile haben aber in vielen Fällen überhaupt nichts mehr mit der eigenen Ethik zu tun. Derjenige, der sich, warum auch immer, berufen fühlt zu richten, tut gut daran, bei jedem Urteil auf seine innerste göttliche Stimme zu hören. Wer urteilt, wird wie der Täter zu seinen Taten vor sich als geistiges Wesen und Gott stehen müssen.

Wir brauchen nur auf unsere innersten Gefühle aufmerksam zu achten, und wir werden mit einem freien Gefühl und mit Freude durchs Leben gehen. In den alten Schriften wurde immer auf dieses ewige Gesetz, Wort, Logos, Tao oder

Dharma hingewiesen. Diese Urempfindung gibt uns auch zu erkennen, ob unser Tun oder unsere Unterlassungen, ob gesellschaftliche Spielregeln und Gesetze ethisch oder unethisch, unterdrückerisch oder der Freiheit dienend sind. So könnte man sagen, dass Ethik auch die Tätigkeit ist, Gutes zu fördern und Missstände zu korrigieren.

Durch bewusste Achtsamkeit wird die Urempfindung immer realer, und die damit verbundene zunehmende Gotteserfahrung bringt eine große innere Ruhe und Freiheit. Die Affinität zu den anderen Menschen und zur ganzen Schöpfung wächst in demselben Maße. Hass und Machtgelüste verschwinden gänzlich. Die entstehenden Gefühle des Friedens und der Liebe können wie die Gotteserfahrung mit unseren Worten nicht treffend gefasst werden. Eine Beschreibung würde in jedem Fall ein minderwertiges Bild abgeben. Individuelle, bewusste Gotteserfahrungen sind aber, wie schon gesagt, nur Augenblicke, die wie schöne Harmonien auftauchen und wieder verklingen. Durch bewusste Aufmerksamkeit können diese Augenblicke aber vermehrt und verlängert werden, sodass sie mit der Zeit einen festen Platz in unserem Leben einnehmen und eine große Quelle von Kraft darstellen. Die bewusste Gotteserfahrung kommt also nicht einfach auf uns zu, wir müssen vielmehr geistig zu ihr hingehen und dann noch bereit sein, sie aufzunehmen.

Gotteserfahrungen finden aber auch im Alltag statt, und zwar öfter, als wir im Allgemeinen annehmen. Sie äußern sich zum Beispiel immer beim Fühlen tiefster Liebe, denn Liebe ist die Qualität Gottes. Werden wir uns dessen immer mehr bewusst, werden diese Momente auch stärker zu Quellen von wahrer, göttlicher Lebenslust. Wenn wir es genau betrachten, erkennen wir, dass diese innerste göttliche Liebe die Ursache vieler schöner Emotionen wie Vergnügen, Glücksgefühl,

Zuneigung, Dankbarkeit, Geborgenheit, heiterer Gelassenheit oder Stolz ist, aber auch für schwierige Emotionen wie Mitgefühl, Mitleid, Enttäuschung oder Trauer die Ursache bildet. Ein Leben in Frieden und Freiheit wäre natürlich eine einzige Gotteserfahrung.

Leider ist die Urempfindung, das eigentliche Spüren unserer Göttlichkeit, eine zarte Pflanze, die durch Indoktrination, räumliche Abgesperrtheit, körperliche Beeinflussung oder starke negative Emotionen fast gänzlich zum Verschwinden gebracht werden kann. An dieser Stelle ist auch zu betonen, dass in den meisten Ländern auf dieser Erde alles Mögliche unternommen wird, um das individuelle, geistige Sichfühlen möglichst klein zu halten. Die irrige Meinung besteht darin, dass sich ein unterdrücktes, ruhiggestelltes Volk leichter führen lässt. Dabei sind viele der sogenannten politischen, wissenschaftlichen oder kirchlichen „Autoritäten" die wirkungsvollsten Akteure. Der Vision, dass sich alle Menschen auf diesem Planeten als Kinder Gottes fühlen können, kann nie zu viel Bedeutung beigemessen werden.

Alle geistigen Regeln, die wir aber selbst aufstellen oder zu denen wir Ja sagen, die in Abweichung oder im Gegensatz zur göttlichen Urempfindung stehen, beeinträchtigen die individuelle Freiheit. Im Bereich der geistigen Wesen spricht man dann von Unterbewusstsein, Karma, fixen Ideen, Vorurteilen usw. Diese selbst gebastelten geistigen Regeln sind ein Produkt des Energieverstandes und wurden zum Grundübel unserer Gesellschaft. Sie entstehen immer in einem emotionellen, von der Urempfindung abweichenden Macht- oder Abhängigkeitsbedürfnis und rechtfertigen oder billigen sogar unethische gesellschaftliche Spielregeln und Gesetze.

Wir sehen also, dass das Gefühl der Freiheit eine sehr individuelle, feingliedrige Angelegenheit ist. Ein Eremit kann sich in seiner engen Behausung, die er nie verlässt, geistig völlig frei fühlen, wogegen sich ein Farmer in den Weiten Kanadas durch die vielen unvermeidlichen Sachzwänge wie in einem Gefängnis vorkommen kann.

36

Der Umgang mit der Umwelt

Wenn wir uns als geistige Wesen im physikalischen Universum Erde als Gäste in Raum und Zeit verwirklichen können und dabei bestrebt sind, die geistige Freiheit wiederzugewinnen oder behalten zu können, ist es unerlässlich und sollte selbstverständlich sein, dass wir Gott, der gesamten Schöpfung, den Seelen der Pflanzen und Tiere, unseren Mitmenschen, Nachkommen und nicht zuletzt uns selbst den nötigen Respekt und die gebührende Sorgfalt entgegenbringen.

Geistige Wesen können sich dieser Verantwortung innerhalb ihrer Gedanken und ihrer Handlungen nicht entziehen und sind immer verpflichtet, die Umwelt in einem würdigen Zustand zu halten und der Nachwelt zu überlassen. Negative Umwelteinflüsse auf unsere Körper können direkten Einfluss auf unsere geistige Gesundheit nehmen, uns dazu bringen, uns geistig an den Körper zu binden, uns von ihm abhängig zu machen.

Unter diesem Gesichtspunkt ist es schon fast undenkbar, wie sorglos wir Menschen mit unserer Umwelt umgehen. Wir stellen Tausende von Tonnen schädlicher oder sogar tödlicher chemischer Verbindungen her, verteilen sie und entsorgen sie in der Luft, im Wasser und im Erdreich. Noch bedenklicher ist die jüngste Entwicklung, die zeigt, wie fahrlässig wir mit unserem genetischen Erbgut und dem der Tiere und Pflanzen umgehen, dass wir es sogar manipulieren. Naturwissenschaftliche Fortschritte, die nur infolge von geistiger Degeneration der beteiligten Personen denkbar sind, sind gefährlich und sollten gesellschaftlich thematisiert, überwacht und gegebenenfalls unterbunden werden.

Die Musik

Die Musik ist seit jeher ein geeignetes Hilfsmittel, um den eigenen Körper in eine ruhige, ausgeglichene und auf die Natur ausgerichtete Verfassung zu bringen, was eine wichtige Voraussetzung ist, um geistig mit sich und Gott ins Reine zu kommen.

Schon vor unserer Zeitrechnung meditierten die geistigen Menschen im hinduistischen und buddhistischen Raum auf die heilige Silbe „OM", deren Ton sich als eine Oktave der Grundfrequenz unserer Erde herausstellte. Dieser liegt bei 136.1 Hertz, was dem Cis auf unserer Tonskala bei einem Kammerton von a1 bei 432 Hertz entspricht. Uralte Klangkörper sollen eine erstaunlich hohe Tongenauigkeit aufweisen, und zum Teil hat sich bei östlichen Musikern diese Grundstimmung bis heute gehalten. Warum fühlen sich so viele Menschen zu dieser Musik derart hingezogen? Dieses Wissen und vor allem dieses Fühlen der wohltuenden, beruhigenden und harmonischen Grundfrequenzen in unserem physikalischen Universum, die wir in einem bestimmten Bereich als Töne wahrnehmen, scheinen aber in unserer heutigen, von technischen Reizen total überfluteten Gesellschaft bei den meisten Menschen und vor allem bei westlichen Musikern, Dirigenten und Instrumentenbauern völlig zu verschwinden. Giuseppe Verdi war der letzte große westliche Komponist, der sich für dieses Urempfinden noch einsetzte und den Kammerton 432 Hertz offiziell einführen wollte.

Dazu noch der interessante Hinweis, dass um 1850 die bekannte Firma Steinway ihre Flügel auf 458 Hertz stimmte und somit der Ton C bei 136.1 Hertz lag, was wiederum dem „OM-Ton" Cis auf der Grundfrequenz unserer Erde entspricht. Dies ist sehr bemerkenswert, wenn man bedenkt, dass in der westlichen Musik der Ton C fast eine so bedeutende Rolle spielt wie der Ton Cis in der östlichen. Somit war die Schwingung der Grundfrequenz, nämlich 136.1 Hertz, gleichermaßen präsent. Wie muss der Klang dieser Instrumente wohltuend gewesen sein.

Erschwerend dürfte aber sein, dass die Komponisten in einer jeweiligen Schwingung dachten und dass ihre Werke einen halben Ton tiefer oder höher wahrscheinlich nicht die gleiche Wirkung entfachten. Die heutigen Orchester sind in der Regel auf einen Kammerton zwischen 440 und 447 Hertz gestimmt, was heißt, dass sie fast in der Mitte von 432 und 458 Hertz liegen und somit am weitesten von einer optimalen Stimmung entfernt sind.

Ist dies etwa ein geforderter Kompromiss, allen Komponisten gerecht werden zu müssen? Auf jeden Fall hinterlässt er die Zuhörer und die Aufführenden nicht in einer gewünschten, ruhigen und ausgeglichenen Verfassung.

Es wäre sehr vorteilhaft, wenn viele Menschen und vor allem Verantwortliche und Ausführende in der Welt der Musik, der Klänge, Harmonien und feinsten Klangvibrationen wieder auf die innersten Empfindungen achten würden und durch eine Besinnung auf die grundlegenden Frequenzen unseres Universums den Weg zur geistigen Freiheit erleichtern könnten.

Das Zusammenleben

Wenn Menschen auf ihre innere Stimme hören und frei wählen könnten, würden „Unverbildete" in der Regel das tun, was sie am besten können und für das sie im Grunde geschaffen sind. In ihrem Tun wird immer die große Liebe zur Aufgabe ersichtlich sein. Wenn solche wissenden Menschen forschen, versuchen sie, sich und ihren Mitmenschen bewusste oder vorhergesehene Tatsachen zu beweisen. Fehlgeleitete, „verbildete" Menschen aber tun das, was sie glauben tun zu können und – und das ist heute ein nicht zu übersehendes Problem – für das sie die erforderlichen, grundlegenden Charaktereigenschaften nicht mitbringen, für das sie eben nicht geschaffen sind. Wenn solche Menschen beginnen zu forschen, hoffen sie, zufällig etwas herauszufinden. Nicht wissende Menschen glauben an Glück und Zufall.

Selbstverständlich nehme ich mit obiger Aussage einen völlig theoretischen Gesichtspunkt ein, doch ein kurzes Verweilen kann ganz erkenntnisreich sein. Weise Menschen wie Lao Tse und Platon haben schon vor langer Zeit gewarnt und dazu klare Aussagen gemacht.

Jeder Mensch gehört, allein begründet durch sein Dasein, zu einer Gruppe von Menschen mit vorbestimmten Funktionen. Man kann davon ausgehen, dass derjenige, der sich über seine Funktion Macht oder übermäßige Vorteile aneignet, etwas tut, wozu ihm die grundlegenden charakterlichen Voraussetzungen fehlen. Wahre Funktionsträger ordnen ihr Tun immer dem Wohle aller unter, und für sie gilt die heute weit verbreitete Annahme nie, dass jede Population – und hier ist auch der Mensch mit inbegriffen – ihren eigenen Abfall produziert.

Ganz ursprünglich war dies ein allgemeines Gedankengut, und das Leben in den sogenannten Kasten war durch gegenseitige Achtung geprägt. Machtgelüste, Anmaßungen und vor allem die falsche Theorie, dass man durch die Geburt zu einer bestimmten Gruppe gehört, haben diese ursprüngliche Ordnung verfälscht und zu einem unterdrückerischen System verkommen lassen. Im Speziellen sind die geistige Degeneration und der damit verheerende Autoritätsbetrug darin ersichtlich, dass die wirkliche geistige Autorität ja gewusst hätte, dass die körperliche Linie nicht die richtige ist.

Ein geistiges Wesen, das eine natürliche geistige Autorität besitzt, wird nie Macht anstreben und, wenn sie ihm angeboten wird, auf alle Fälle ablehnen. Vergleichbar wird ein geistiges Wesen, das eine natürliche, weltliche Führungsautorität besitzt, immer um das Wohl aller bemüht sein und ein vernünftiges, geordnetes Zusammenleben anstreben. Außerdem werden diese beiden eine enge, fruchtbare Beziehung suchen und pflegen. Der Rat des Weisen, der sich immer im Hintergrund aufhält, wird aber auf jeden Fall wegweisend sein.

Die geistige Führung gibt immer nur Empfehlungen ab, sagt den Menschen, was zu ihrem Vorteil oder zu ihrem Nachteil ist oder sein wird. Sie erteilt aber niemals Befehle und Verbote, dies bleibt der weltlichen Führung vorbehalten. So kann man die wirklichen geistigen Menschen erkennen: Sie erlassen und erließen auch früher immer nur Gebote, niemals Verbote. Diktierte Moral, Dogmen oder ein Unfehlbarkeitsanspruch bedeuten das Ende der geistigen Freiheit und sind starke Anzeichen einer unterdrückerischen Grundhaltung.

Im Gegensatz zur geistigen Freiheit könnte also die geistige Befangenheit genannt werden. Sie ist, auch wenn von außen beeinflusst, individuell selbstbestimmt und äußert sich in fixen, festgefahrenen Meinungen. Die dabei auftretende Unzufriedenheit, Verweigerung und Delegation von Verantwortung, Schuldzuweisung und Rechtfertigung sind zu einem Hauptproblem unserer Gesellschaft geworden.

Geistig freie und wissende Wesen nehmen ihre geistige Weiterentwicklung selbst in die Hand, tun, was sie tun, sind dabei erfolgreich, besitzen eine weitgehend heitere Gelassenheit und glauben nicht an Glück oder Zufall. Wer aufhört, etwas täglich neu zu erschaffen, lässt es sterben. Das gilt für sich als geistiges Wesen selbst sowie für die Liebe, die Familie, die Beziehungen, die Liebhabereien und den Erwerb.

Anders gesagt, man beginnt, mit Ausnahme der materiellen Dinge, in dem Moment etwas zu verlieren, wo man davon geistigen Besitz ergreift, wo man es sein Eigen nennt und nichts mehr Erschaffendes dazu beiträgt. Ein geistiges Wesen wird aber nie etwas besitzen können, es wird immer nur in einem physikalischen Universum ein Sein und Tun in Raum und Zeit haben. Bei materiellen Dingen im alltäglichen Leben ist ein zeitweiliger Eigentumsanspruch natürlich legitim, nur darf dabei keinesfalls eine geistige Abhängigkeit entstehen. Wenn es aber um Land geht, ist die grundlegende Frage erlaubt, woher sich jemals ein Lebewesen das Recht nahm, nur einen Quadratmeter auf irgendeinem Planeten sein Eigen zu nennen.

Andere Menschen als individuelles Eigentum zu betrachten ist sehr abartig und löst in der Regel großes Leid aus. Ein Problem von gleicher Größenordnung ist die Geringschätzung anderer Menschen, wenn sie zu Unterklassigen, Randständigen, Unberührbaren, also sozusagen zu Arbeitstieren oder zu Abschaum degradiert werden. Der Hauptgrund dafür liegt in der geistigen Materialisierung derer, die an den Hebeln der Macht sitzen. Hier hat die Materie mehr Achtung erlangt als das geistige, göttliche Gleichheitsgefühl. Man könnte fast meinen, dass diese geistige Materialisierung bei den modernen Managern eine Voraussetzung darstellt, denn nur so können sie Menschen als Produktions-, Zins- und Renditemaschinen einsetzen oder wegwerfen.

Wenn auf einer Skala oben geistige Freiheit als höchster Wert steht, könnten in unserer Zeit unten Gold (gleichzustellen mit Kapitalanlagen) und Uran als zwei in vieler Hinsicht gefährliche Substanzen stehen. Diese beiden relativ verdichteten Elemente in den Händen von machtgierigen, geistig gefangenen Zeitgenossen bringen unsere Erde physisch und psychisch an den Rand des Unterganges. Die allgemeine geistige Degeneration einer Gesellschaft wird in der Regel durch das steigende Bedürfnis nach materiellem Besitztum begleitet. Heute kommt dem Kapital, ob in Form von Geldwerten oder als Inhaberpapiere auf Sachwerte, das nach unserer Übereinstimmung physisches Besitztum darstellt, natürlich die gleiche Bedeutung zu.

Geld wurde ja ursprünglich als Tauschmittel eingeführt und hat so lange seinen Zweck erfüllt, wie Leistung und Gegenleistung wirklich gleich groß waren. So betrachtet kann es nur zu völlig überdimensionalen Kapitalanhäufungen kommen, wenn innerhalb der Gemeinschaft einzelnen Leistungen und Gütern unangemessen hohe Werte zugemessen werden oder Handlungen im Spiel sind, die ethischen Grundsätzen nicht entsprechen. Meistens muss dabei von Unterdrückung, Übervorteilung oder ganz einfach von Diebstahl gesprochen werden. Selten wird aber auch einmal die Genialität eines einzelnen Menschen die Ursache sein. Hierzu ist nur zu sagen, dass der alleinige Zweck eines Wirtschaftssystems oder von Geld die gerechte Umverteilung von Leistungen und Gütern unter allen sein kann.

Zu Individuum und Gemeinschaft noch ein weiterer Gedanke: Es scheint, dass die einzelnen Menschen in der Vergangenheit ihre Umwelt geistig mehr beeinflusst und somit mitgestaltet haben. Machen uns heute die moderne, zivilisierte und vor allem globalisierte Welt sowie die übermäßige Informationsflut und -sucht immer mehr zur anonymen und manipulierbaren Masse, in der jedem Einzelnen immer mehr bewusst gemacht wird, wie klein, unwichtig und ohne jegliche Einflussmöglichkeit er ist?

In einer immer größeren, globaleren Dimension ist die Gefahr sehr groß, dass die Menschen den Glauben an sich und ihre Fähigkeiten immer mehr verlieren. Wer resigniert und in der Gleichgültigkeit versinkt, gestaltet nichts mehr mit, tut nichts mehr und verändert nichts mehr. Die große Mehrheit der Menschen sind geistige Sklaven von ein paar ganz wenigen Machtgierigen, die diese Entwicklungen natürlich noch fördern. Wir müssen aufwachen, nicht mehr nur Ja sagen, etwas tun und dazu beitragen, dass sich unsere eigene, wenn auch scheinbar kleine Umgebung positiv verändert. Wir dürfen nicht warten, bis die anderen auch etwas tun, oder denken, dass heute nur hohe Politiker, Führungskräfte oder große Gruppen etwas erreichen könnten. Jedes positive Tun gestaltet unsere Welt nachhaltig und lässt uns nicht in einer Art geistiger Globalisierungslethargie versinken.

Die kollektive Beeinflussung

Bei zunehmender geistiger Freiheit nimmt die Gefahr kollektiver Beeinflussung oder Manipulation ab. Bei jeglicher Aktivität in Richtung geistiger Freiheit wird aber die Quelle einer solchen Gefahr von Anfang an auf allen Seiten bestehen. Bei den Sehenden, weil sie mit der Kommunikation beginnen werden, bevor sie sich völlig klar sind; bei den kreativen, autoritären Meistern, weil sie mit ihrer Lehrtätigkeit vielfach komplexe, abweichende Denkmuster verbreiten; bei den Suchenden, weil sie sich fälschlicherweise an Modellen festklammern, die für sie interessant und abgehoben klingen, die sie aber nicht abschließend verstehen und beurteilen können.

Wenn sich nun in frühen Phasen von befreienden Bewusstseinsprozessen geheimnisvolles und elitäres Gedankengut einschleicht, wird der rechte Weg schnell verlassen, und gefährliche Machtgelüste oder Abhängigkeiten entstehen. Diese Gefahr nimmt natürlich zu, je mehr Personen in einer Gruppe, einem Verein oder einer Organisation tätig sind, die befreiende Prozesse oder Wege anbieten.

Eine Manipulations- oder Abhängigkeitsgefahr besteht im Besonderen bei engen Beziehungen zwischen Meister und Suchenden. Sehende werden aus diesem Grunde zu den Suchenden immer eine relativ distanzierte, anonyme Haltung einnehmen, also wenn möglich keine Einzelbegleitungen beziehungsweise -therapien übernehmen. Auch werden sie nie die Absicht haben, neue Glaubensgruppen oder gar Religionen zu gründen. Sie werden einfach das kundtun, was eigentlich schon alle immer gewusst haben, und damit den Suchenden helfen, den eigenen Gedanken die nötige Aufmerksamkeit zu schenken und sie ernst zu nehmen.

Das Paradies

In der Bibel steht, dass Gott den Menschen aus dem Paradies verbannt hat. Unser Schöpfer soll, will man den vielen selbst ernannten Propheten glauben, für viele Gräueltaten der Urheber oder Anstifter sein. Auch wurde unserem Schöpfer immer wieder vorgeworfen, dass er schreckliche Geschehnisse zugelassen hat. Ist es aber nicht so, dass das göttliche, bewusste geistige Wesen im menschlichen Körper für sein Tun oder seine Unterlassungen letztlich die alleinige Verantwortung trägt? Ist es nicht so, dass das eigene Gefühl eine Aktivität motiviert oder verhindert und der Mensch dazu nur Ja oder Nein zu sagen braucht? Vielleicht muss man sagen, dass viele Menschen sich den Zugang zu dem, was sie Paradies nennen, absichtlich oder unabsichtlich durch eigenes Zutun selbst verwehrt haben und sich jetzt einfach damit rechtfertigen, dass der Mensch ja vertrieben worden sei.

Gott kann niemals Machtausübung vorgeworfen werden. Vielmehr wäre es wahrscheinlich besser gewesen, er hätte dem geistigen Wesen nicht so viel Eigenständigkeit und Verantwortung zugebilligt. Wir müssen Gott aber zugestehen, dass er diejenigen bei ihrem Wort nimmt, bei denen er das noch kann, und von ihnen eine große Beharrlichkeit fordert.

Wo ist denn das Paradies überhaupt anzutreffen? Sagen wir auf der Erde nicht, das Paradies sei dort, an einem Ort, den wir nicht zuordnen können? Sagen die, die an diesem Ort sind, etwa auch, das Paradies sei „dort", und meinen damit unsere Erde? Vielleicht kamen diese geistigen Wesen zu diesem Schluss, weil unsere Erde ein physikalisches Universum ist, in dem Körper zur Verfügung stehen, mit denen viel mehr Emotionen erlebt werden können als mit ihren eigenen Körpern, und damit die Aussicht besteht, dass ein zwar kurzes, aber intensives Leben zu genießen ist. In einem Universum wie unserer Erde, mit den sehr kurzen Zyklen, sind viele negative Emotionen unumgänglich und sollten so klein wie möglich gehalten werden. Warum träumen wir immer nur vom Paradies und machen diese Erde nicht wieder zu dem, was sie einmal war?

Durch den Sündenfall wurde dieses intensive „Ferienparadies" aber zum dauernden Aufenthaltsort für viele geistige Wesen. Mit der Zeit wird man durch den schnellen Rhythmus unserer Erde ziemlich müde, und so wird die Sehnsucht nach dem ursprünglichen physikalischen Dasein mit den langen Zyklen und den wenigen negativen Emotionen immer größer. Vielleicht reden wir dabei wieder vom Paradies, weil wir es nicht verorten können. Dorthin zurückzukehren ist für das freie, nicht ans physikalische Universum gebundene oder, in den Worten Buddhas, im Nirwana lebende Wesen aber nur nach dem körperlichen, natürlichen Tod und mit seiner klaren Absicht und dem göttlichen Einverständnis möglich.

Für die Menschen auf dieser Erde gibt es eigentlich nur drei Gründe, warum sie als geistige Wesen hier sind. Entweder unterliegen sie der Illusion, einen Energieverstand oder ein Karma führen zu müssen, und sind somit dem Muss der Wiedergeburt unterworfen, oder sie sind geistig frei und nur für eine kurze Zeit hier zu Gast, oder sie sind geistig frei und einem inneren Versprechen verpflichtet.

Man könnte das Thema auch anders angehen und sagen, dass ein Mensch, der sich nach dem Paradies sehnt, noch nicht die volle, reine Klarheit über sich als geistiges Wesen erlangt hat. Die meisten werden durch Bildfragmente, die sie aus fernster Erinnerung in sich tragen, wahrscheinlich noch eine sehr lange Zeit das Paradies herbeiwünschen. Dabei werden sie das Jetzt nicht wirklich leben und als Weg zurück zur geistigen Freiheit nutzen.

Im Grunde genommen ist das Paradies immer dort, wo man gerade ist. Das bedingt aber, dass man mit sich, Gott und der Umwelt vollkommen im Reinen ist. Leider ist es aber so, dass heute viele kranke Wesen versuchen, das Paradies „Erde" zur Hölle zu machen. Wer den sogenannten Teufel sucht, wird ihn hier finden.

Würde aber ein geistiges Wesen nach einem physikalischen Dasein im allumfassenden Göttlichen aufgehen, wäre das dessen Ende als Individuum, als eigenständiges Bewusstsein mit all seinem Wissen und somit das Ende für weiteres Sein und Tun. Was muss passiert sein, damit das zum Wunsch werden kann?

Der Teufel

Wer den Teufel als allgemeine oder als personifizierte Gegenmacht zu Gott sucht, ist auf der falschen Fährte. Einen Teufel oder eine nicht so genau zu definierende böse Macht zu haben war und ist natürlich sehr praktisch und wird es auch in Zukunft sein, kann man doch letztlich die Verantwortung für das eigene Tun oder Nichttun darauf abschieben.

Dieser Teufel existiert aber nicht. Das Böse entsteht nämlich beim einzelnen geistigen, göttlichen Individuum, und zwar dort, wo dieses beginnt, andere zu manipulieren, zu unterdrücken oder zu schädigen. Das heißt, dass Teuflisches grundsätzlich von einzelnen Menschen vollbracht werden muss und sich in dem Maße potenziert, in dem diese Menschen die Macht erlangen, andere Menschen, Gruppen oder sogar Völker zu manipulieren. Aber auch das Gute, das wirklich Göttliche, müssen wir als Einzelne selbst tun, wir müssen sozusagen göttliche Verantwortung in unserem Umfeld übernehmen, uns für die Liebe, das Gute, das Schöne, das Vergnügliche, das Befreiende einsetzen. Damit will ich natürlich nur sagen, dass Gott in großem Maße durch uns handelt und dass wir nic versucht sein sollten, Verantwortung für unser Denken und Handeln auf eine höhere Macht abzuschieben.

Die Sehnsucht der Religionen

Wenn heute das geistige Wesen Jesu wieder als Jesus auftreten würde, wäre dies das Ende der christlichen Kirchen. Das Gleiche gilt auch für die anderen Religionen und ihre Stifter. Warum? Weil die Sehnsucht, die alle Religionen am Leben erhält, wegfallen würde. Alle Religionsstifter, Heilige, Weise, Seher oder Meister konnten während ihres Lebens die Welt nicht retten oder maßgeblich verändern. Erst nach ihrem Tode entwickelte sich eine Sehnsucht danach, dass diese außergewöhnlichen Menschen wiederkehren, um ihren Weg fortzusetzen und vielleicht sogar zu Ende zu führen.

Sollte Jesus also wieder als solcher zurückkehren und auch erkannt werden, würde er sofort an den an ihn gerichteten Erwartungen zerbrechen. Er könnte in der heutigen Zeit niemandem gerecht werden. Er würde sicher die heutige, zu stark institutionalisierte Kirche anprangern, deren verweltlichte Gesetze und hierarchische Machtgebaren ablehnen und bekämpfen. Er würde sicher wieder von jedem Einzelnen fordern, die eigene Verantwortung wahrzunehmen, alle Abwegigen dazu auffordern, umzukehren und ein neues Leben zu beginnen. Die heute fast lethargische Sehnsucht, die das Christentum zusammenhält, würde also wegfallen und einer riesigen Ernüchterung und Hoffnungslosigkeit Platz machen.

Natürlich wäre die Möglichkeit, dass Jesus von einer großen Mehrheit der Christen anerkannt werden könnte, auch sehr klein. Er würde, wie schon erwähnt, mit sehr vielen mächtigen Personen und Organisationen aus Politik, Wirtschaft, Wissenschaft und Kirche sowie anderen Glaubensgemeinschaften in Konflikt geraten, und diese würden ihn als Spinner oder Sektierer aburteilen. Eine treue, erkennende

Gruppe von Anhängern könnte sich wieder um ihn scharen, ihn begleiten und unterstützen. Sie würden seine Worte und Werke festhalten und nach seinem Tode eine neue Kirche, sprich Sekte, gründen. Könnte sich die neue Kirche aber doch wider Erwarten etablieren, wäre sie durch die entstehenden Machtbedürfnisse innerhalb der Organisation nach drei bis vier Generationen wieder so degeneriert, dass als Resultat nur eine Glaubensgemeinschaft mehr existieren würde.

Wir brauchen also keine Angst zu haben, dass die Sehnsucht der Religionen wegfallen könnte. Es wird kein „Erlöser" schaffen, wiederzukehren und die Welt zu retten. Die heutigen Machtzentren, einschließlich der Kirchen selbst, werden dies nie zulassen.

Die große, allgegenwärtige Gefahr der Sehnsucht in der Religion liegt aber darin, dass die Objektivität reduziert wird und somit alle Türen zur Manipulation und Ausbeutung offen stehen. Verpackt man ein geistiges Idealziel in Prophezeiungen und Geheimnisse und verspricht dazu noch einen gangbaren Weg, kann dies die Suchenden geistig für immer an eine Gruppe oder Kirche binden. Für unser gesellschaftliches Leben aber noch schlimmer ist die Einengung des eigenen Blickwinkels. „Wenn der Retter kommt, rettet er nur uns, denn wir sind die Einzigen, die auf dem rechten Weg sind oder die den wahren Retter haben." – Eben nicht! Wenn der personifizierte Gott käme, würde er alle retten, sonst wäre es nicht Gott.

Warum sind wir Menschen heute eigentlich noch nicht so weit fortgeschritten, dass wir machtgierigen und egoistischen Glaubens- und Religionsführern kein Gehör mehr schenken? Warum können wir nicht einfach in unserer durch Geburt vorherbestimmten oder selbst gewählten Religion leben?

Alle Menschen haben das Recht, in Frieden, Freiheit und in ihrer Religion zu leben. Aber gerade durch die eigene

Sehnsucht, oder noch mehr durch die eigene Frustration, bekunden wir in der Religionsfrage eine besonders große Mühe. Obwohl wir ja zum größten Teil eben nur hineingeboren worden sind, glauben viele Menschen, dass sie der einzig richtigen Religion angehören und dass die anderen verdrängt oder sogar bekämpft werden müssten. Am liebsten wäre es den meisten Menschen, wenn die Andersgläubigen zu ihrer Religion umgepolt werden könnten.

In diesem Zusammenhang möchte ich betonen, dass keine Religion zu haben meistens auch wie eine Religion gelebt wird und hier zum oben Beschriebenen kein Unterschied erkennbar ist. Denn wenn nicht Gott oder unendliche Schöpfer verehrt werden, dann eben materielle Götzen, Kapitalismus, Kommunismus oder sonstige Lebensausrichtungen.

Eine Einheitsreligion auf dieser Erde wäre aber das Schlimmste, was passieren könnte. Wäre doch das Manipulationspotenzial unermesslich, und die Degeneration der göttlichen Botschaft würde noch schneller voranschreiten.

Die verschiedenen Religionen und Glaubensrichtungen sind eine Wirklichkeit, die nicht geändert werden kann oder muss. Denn gerade die religiöse Vielfalt lässt uns nicht geistig stillstehen. Sie ist belebend für den eigenen Glauben und hilft uns, diesen besser einzuordnen, grundlegender und somit besser zu verstehen. Freuen wir uns auf den gegenseitigen Dialog im befruchtenden Zusammenleben, und das in Respekt, Würde und vor allem in gegenseitiger Liebe.

Bleibt zu hoffen, dass die Sehnsucht nach dem göttlichen, gemeinsamen Leben so stark wird, dass immer mehr Menschen, inner- und außerhalb der Religionen, sich auf den Weg zur geistigen Freiheit und somit zur heiteren Gelassenheit machen.

Der Weg zur Befreiung

Wenn Sie sich entschlossen haben, den Weg zur geistigen Freiheit zu gehen, wird es sehr viele Menschen beziehungsweise Gruppen geben, denen Sie mit ihrem geistigen Fortschritt in die Quere kommen oder weil sie aufgrund eigener Unfähigkeit Neid empfinden. Diese werden mit allen Mitteln versuchen, Sie von Ihrem Weg abzubringen. Darum ist es sehr wichtig, dass Sie zu sich mit vollem Vertrauen Ja sagen. Sie müssen beginnen, für sich und mit anderen zu philosophieren, zu studieren und zu disputieren, sich gegenüber anderen zu offenbaren, ihnen zu helfen und zu verzeihen. Sie müssen die Bereitschaft haben, sich abwerten und kritisieren zu lassen, sich Hohn, Spott und dem Vorwurf von Verniedlichung, Naivität und Labilität auszusetzen.

Erschwerend kommt hinzu, dass der Zustand der geistigen Freiheit als Ziel nicht erkennbar oder nachvollziehbar gemacht werden kann. Auch Menschen, die die geistige Freiheit nie verloren haben, müssen sich in jedem physikalischen Dasein wieder neu auf den Weg zu deren Bewusstwerdung machen. Man weiß aber selbst nic genau, wo man steht und wie weit der Weg noch ist.

Nur wer die geistige Freiheit und die damit verbundene Gottesnähe durch eine Erkenntnis bewusst erreicht hat, weiß, dass sie Realität ist. Dieses geistig durchaus explosive, beglückende Ereignis wird als Zustand im alltäglichen Leben aber sehr schnell wieder zur individuellen Normalität.

Die vollständige Gewissheit über das eigene grundlegendste Wissen zu erlangen bringt uns auf dem Weg zur geistigen Freiheit und somit der inneren, heiteren Gelassenheit einen großen Schritt näher. Künstliche, gebildete Autoritäten werden dann entlarvt und verlieren ihre manipulierende Aussagekraft vollständig.

Wer den Weg zur geistigen Freiheit geht, wird überrascht feststellen, dass es nicht komplexer oder spannender wird, sondern einfacher, logischer und vor allem unspektakulärer. Diese Tatsache bewirkt, dass bei wirklich wissenden Menschen keine realitätsferne, elitäre Überheblichkeit entsteht, sondern eine nachsichtige, zurücknehmende, heitere Gelassenheit.

Die Menschen versuchen auf verschiedenen Wegen in Richtung geistiger Freiheit zu kommen. Es werden mehrheitlich Vorgehensweisen wie Meditation, Versenkung, Kontemplation oder Reflexion gewählt. Diese meist esoterischen Praktiken haben vielfach gemeinsam, dass dabei versucht wird, sich im Innersten als eigenständiges Etwas oder sogar Göttliches selbst zu entdecken.

Sie können aber das Ich, das eigene geistige Wesen in Ihrem Innern nicht finden, denn Sie sind es ja selbst, und weil göttlich, in Raum und Zeit sowieso nicht zu verstehen. Der Weg nach innen ist somit verkehrt. Es geht nicht darum, sich zu finden, sondern Klarheit über sich als Entität zu erlangen, und darum, sich geistig zu befreien.

Liebe ist eine Qualität der Göttlichkeit des Menschen, während der Hass durch den individuellen Egoismus motiviert ist, den man sonst in unserem physikalischen Universum bei keinem anderen Lebewesen findet.

Den Hass aus den eigenen Gedanken vollständig zu verdrängen ist der erste Schritt zur geistigen Freiheit. Diesen Schritt, so schwierig er im heutigen Umfeld auch sein mag, muss jeder für sich selbst tun. Hier hilft uns niemand, nur unser Vertrauen auf Gott und uns selbst. Er ist aber unabdingbar, um der Liebe uneingeschränkten Vorrang zu geben.

Das heißt auch, dass man sich von projizierenden, negativen Gedanken bewusst lösen kann und muss, denn Hass ist der wichtigste Grund und Auslöser der eigenen geistigen Unfreiheit.

Auch die Erlangung der inneren Ruhe und der darauf folgenden heiteren Gelassenheit ist ein Muss. Das bedingt die bewusste Reduktion von einem Teil der weltlichen Aktivitäten, die in der Regel ein Verdrängen der eigenen Wirklichkeit darstellen. Typische Auswüchse sind hier in den Bereichen Freizeit und Urlaub ersichtlich. Unerledigtes, welches das eigene Gewissen belastet, bindet uns an die Zeit und damit an das physikalische Universum. Das heißt, dass ein freies geistiges Wesen nichts Unerledigtes ansammelt oder es möglichst schnell erledigt, sollte es einmal unvermeidlich sein, etwas aufzuschieben. Wir müssen in der Ruhe die Leere finden, akzeptieren und vor allem lernen, sie zu genießen. Die göttliche Leere ist die größte Quelle für geistige Vitalität und Vergnügen.

Das objektive körperliche Wohlfühlen ist natürlich eine weitere Voraussetzung für die Erlangung und Beibehaltung der geistigen Freiheit. Die Reduktion von negativen Einflüssen auf unsere Körper und die Umwelt muss eine bewusste, ständige Bestrebung sein. Abnorme Körperübungen, Überlistungsversuche oder -visionen der physikalischen Gesetze und Kasteiungen sind aber nicht erforderlich. Vereinfacht kann man sagen, dass ein Leben im Einklang mit sich, der Natur und den Mitmenschen genügt.

Begleitende, befreiende Wege sind somit voller Liebe und müssen exoterisch, also nach außen gerichtet, allgemein verständlich und natürlich für die Öffentlichkeit bestimmt sein. Mit Extraversion und Transzendenz erreicht man die geistige Freiheit, man löst sich von der Illusion, eine energetische Verbindung zum materiellen Universum haben zu müssen. Dies versinnbildlicht der Lotos, der das Wasser als Plattform zum Gedeihen benötigt, aber äußerlich das Wasser völlig abstößt. Eingebettet sein im Leben, im physikalischen Universum, in der Gemeinschaft, aber nicht der Illusion unterliegend, damit verbunden sein zu müssen. Das heißt aber niemals, sich vorzeitig vom menschlichen Körper zu verabschieden, denn das würde mit großer Wahrscheinlichkeit dessen sofortigen Tod verursachen, und der geistige Zustand ohne Körper lässt eine Bewusstseinssteigerung nicht zu. Aus diesem Grunde ist es notwendig, dass wir unsere Seele und unseren Körper ehren und pflegen.

Wer den ureigensten Gefühlen und Gedanken die entsprechende Aufmerksamkeit schenkt, ist auf dem rechten Weg und kann, wenn er konsequent voranschreitet, fast nicht mehr davon abkommen. Sollten aber negative Gefühle auftreten, kann man sicher sein, dass der Intellekt die eigene innerste Stimme überdeckt. Denn das, was von Gott kommt, ist immer von reiner Liebe erfüllt.

Je weiter Sie auf dem Weg zur geistigen Freiheit gegangen sind, desto besser sind Ihre Voraussetzungen im künftigen Dasein, desto mehr können Sie Vertrauen in Gottes Lenkung haben, und desto weniger werden Sie versucht sein, selbst Hand anzulegen.

Möge es gelingen, dass mithilfe der Religion und Philosophie möglichst viele Menschen durch gestärktes Selbstvertrauen wieder Zugang zu Gott und zu ihrem eigenen Selbst finden und befreit von der Illusion des Energieverstandes eventuell wieder in ihre ursprüngliche heile Welt zurückkehren können.

Die uneingeschränkte Liebe, Güte, Hilfe und Nachsicht Gottes ist all jenen gewiss, die bereit sind, sie anzuerkennen.